Lib.42.54.

De la République.

Suite du coup d'œil politique

sur

l'avenir de la France.

PAR

DUMOURIEZ.

Vox Populi, Vox Dei.

La Volonté du Peuple est un Arrêt céleste,
Qui décide son sort, ou propice, ou funeste.

Decembre 1795.

A Hambourg
chez B. G. Hoffmann. 1796.

Tant que la dispute sur cette importante question n'a consisté qu'en paroles et en écrits, il n'y a aucun délit, quelques violentes qu'ayent pû être les personnalités, parceque la patrie est tout, et que les individus ne sont rien.

Si l'esprit de faction et de haine a égaré les deux partis, ce qui serait facile à démontrer, l'établissement de la République consentie par la majorité absolue de la Nation, doit être l'époque d'une amnistie générale ; sans quoi le terrorisme serait rétabli, le corps législatif débuterait par être le vengeur de la Convention, et le directoire exécutif ne serait que le satellite d'un Régime féroce, qui anéantirait dès sa naissance la Constitution de 1795.

Les Sections de Paris ont lutté contre la Convention, ou plus-tôt contre le parti qui la dominait. Elles venaient de la sauver du poignard des assassins, elles ont vû ces mêmes assassins délivrés par la Convention des fers dont elle les avait chargés, soustraits à la rigueur des loix qui devaient venger le sang de tant de Citoyens. Elles ont vû ces mêmes assassins reparoître effrontément dans les rues, dans les places publiques, dans les maisons, braver l'horreur publique, se présenter aux Assemblées Primaires, soutenus d'abord secrètement, ensuite publiquement, par cette même Convention.

Alors l'indignation des sections, provoquée d'ailleurs par les insultes que plusieurs fois leurs Députations ont éssuyées à la bare, les a entrainées dans des démarches illégales; et (ce qui est à peine croyable) la Convention, environnée d'une Armée nombreuse, qui avait juré de défendre la Constitution, a cru devoir ajouter à cette force l'armement de ses propres assassins contre ses libérateurs; et pendant qu'elle établissait dans trois Sections trois tribunaux Militaires, elle a retiré tous les Décrets de rigueur qu'elle avait lancés contre les monstres sanguinaires qui avaient dévasté et avili la France.

Voilà sans contredit des torts mutuels, mais les sections sont abrogées, la Convention n'existe plus. Que doit faire la Nation régénérée et Républicaine? ordonner l'oubli du passé, sans quoi il conviendrait de juger avec la même sévérité et les Sections et la Convention Nationale.

Ce qui peut en quelque sorte justifier la Convention, non pas du réarmement des terroristes, qui est inexcusable, mais de sa sévérité contre les trois Sections de Paris, c'est la complication des complots des Royalistes avec la querelle des Sections.

Il n'est pas douteux que dans toutes les occasions de dissention, surtout pendant la guerre, on rencontrera toujours, et des manœuvres secretes des ennemis extérieurs de la France, et des conjurations de ce parti, qu'on a traité avec trop de Tyrannie pour pouvoir le ramener. Le Royalisme et le zèle religieux ne sont pas prêts à s'éteindre en France. La persécution ne fait que les changer en fanatisme, et peut-être les fortifier.

En opposant des Jacobins aux Royalistes, des Bandits aux prêtres, on rend la cause de la République odieuse, on justifie la cause opprimée, on la rend respectable, et on lui donne pour partisans tous les hommes qui aiment la justice et la paix, tous ceux qui pleurent sur les crimes, et qui sont las de la terreur, et c'est le Tiers de la France.

Le seul moyen d'éteindre les Factions, c'est de faire aimer la République, c'est de faire trouver dans la simplicité et l'impartialité des loix, dans la fermeté, la prudence et la douceur du Gouvernement, dans la juste répartition des impositions, dans l'œconomie des dépenses, dans l'application éclairée des récompenses et des encouragements, le bonheur des individus et la gloire de l'état.

Le sort de la France est décidé. Le Peuple Souverain a parlé, tout Français doit, ou se soumettre, ou renoncer à sa Patrie. Jusqu'à cette époque chaque opinion était libre. J'ai donné franchement la mienne pour la Monarchie Constitutionelle. J'ai mis dans mes arguments toute l'énergie que m'inspirait la conviction intime, le désir de voir ma Patrie heureuse.

Le même sentiment qui a guidé ma plume, lorsque j'ai regardé la question comme encore indécise, me fait faire des vœux pour la République, puisqu'elle est établie. Quant à mon opinion, elle va se perdre comme un faible ruisseau dans l'Océan de l'opinion Publique.

Ce n'est ni inconstance, ni désir de courtiser le parti triomphant. J'ai toujours dit, toujours écrit que toute Nation est libre par un droit naturel imprescriptible. Ce droit emporte celui de créer ses loix, sa Constitution, son Gouvernement, de déléguer l'exercice de sa Souveraineté, car quant à la Souveraineté même, elle est inaliénable. Ainsi chaque Peuple a le droit, non seulement de réformer, mais de changer sa Constitution et son Gouvernement.

Peut-être eût il été à souhaiter, non seulement pour l'humanité, mais même pour son propre bonheur, que le Peuple Français eût fait une Réforme au lieu d'une Révolution. Ses crimes et ses malheurs sont une terrible leçon pour tous les Peuples et tous les siècles.

Mais en dépouillant la Révolution française de toutes les horreurs qui l'ont souillée, le Peuple n'a fait qu'user de son droit, et tout Français, à moins de renoncer à sa Patrie, doit diriger tous ses vœux et toutes les Facultés de son âme vers le bien être de la République Française. Fidèle à mes principes, je sacrifie mon opinion à mon sentiment pour ma Patrie.

Si les Royalistes ont intrigué dans les sections, si ce sont eux qui leur ont mis les armes à la main, s'ils ont tenté de combiner le mouvement de la Capitale avec la descente du Comte d'Artois, la guerre de la Vendée, les insurrections dans plusieurs Départements, ils sont aussi criminels que mal-adroits; car la Catastrophe de Quiberon, les vaines tentatives sur Noirmoustier et sur les Côtes du Poitou ont achevé d'exaspérer contr'eux une Nation, à laquelle ses ennemis préparent presque toujours de nouveaux triomphes par l'imprudence des combinaisons successives de leurs attaques.

L'affaire de Quiberon a été si mal conduite, qu'il aurait semblé que le ministère Anglais sacrifiait cette poignée d'Emigrés, si son intérêt n'eût été réellement contraire à cette atroce Politique: mais persister à tenter une descente dans la saison des Equinoxes sur une côte plate, dans gereuse et sans abri parait la folie la plus absurde!

Les Royalistes sont donc encore plus à plaindre qu'ils ne sont coupables. Sans force par eux mêmes, maintenus dans leur pernicieuse opiniâtreté par des demi-secours, ils sont le joüet des erreurs ministerielles et de la politique des Cours, et ils finiront par être sacrifiés à la paix, dont toute l'Europe a un égal besoin.

Je crois que Tallien a exagéré leurs dernières fautes, comme il a imaginé l'atroce fiction des Poignards empoisonnés pour rendre la Convention et le peuple plus implacables contre l'intrépide Sombreuil et les malheureuses victimes de Quiberon. Les phrases coupées et incohérentes qu'on a trouvé dans la correspondance de le Maitre ne presentent aucun Plan réel de Conspiration, mais seulement des idées vagues jettées sans ordre. Tout Basle nie qu'il puisse avoir existé un comité secret dans cette ville sous les yeux d'une Police vigilante et des Ministres Plénipotentiaires de toute l'Europe.

Cependant peu s'en est fallu que ces accusations grossières n'ayent suffi pour faire arrêter, proscrire, et peut-être périr sur l'echaffaud les Membres les plus honnêtes et les plus habiles de la Convention. Boissy d'Anglas qui avait montré une fermeté si noble le 21 May, Lanjuinais, de Fermont, Henry la Rivière, le Sage d'Eure et Loire, Cambacerès, enfin tous ceux qui ont mérité la confiance de la Nation entière, en travaillant jour et nuit à la Constitution qu'elle vient d'adopter, ont été sur le point de sceller de leur sang l'établissement de cette Constitution, tandis que Tallien et quatre satellites aussi fougueux que lui allaient renouveller le Gouvernement révolutionaire, et se seraient trouvés tout établis au moment de l'Installation du nouveau Corps législatif, pour former le Directoire Exécutif, et cimenter avec le sang de leurs adversaires l'établissement de la République, qu'ils auraient rendu odieuse.

Dans cette occasion le courage de Thibeaudeau a sauvé la France de la nouvelle Tyrannie, et c'est un des plus grands services qui ayent été rendus dans le cours de cette Révolution, qui enfin doit cesser, puisque le Peuple a décidé son sort, que les derniers efforts de l'anarchie viennent d'échoüer et que la Nation entière est éclairée sur les projets et les manœuvres de toutes les factions.

Il y a encore un reproche très grave à faire à la Convention sur l'animosité qu'elle a montrée jusqu'au dernier moment de son existence contre les ennemis de ses Coryphées. Elle a accordé une Amnistie générale sur toutes les accusations rélatives à la Révolution, c'est à dire qu'elle a pardonné tous les excès et tous les crimes qui deshonorent la Nation, et qu'elle a rendu à la societé les monstres qui la troubleront encore.

Mais elle a excepté de cet acte d'indulgence tous les accusés de la Conjuration du 5 Octobre.

C'est à la République délivrée de l'Anarchie à faire le reste. C'est à la Nation régénerée à casser le testament *ab irato*, qui flétrit les derniers instants de cette Assemblée, trop criminelle pour être indulgente, et qui la rend coupable du crime énorme de remettre tous les Monstres en activité, pour renouveller tous les maux de la France, et détruire peut-être dès sa naissance cette Constitution qu'elle regarde comme l'unique moyen de son salut.

Avant d'examiner cette Constitution qui paraît devoir fixer le sort de la France, il faut encore s'arrêter sur le tableau que nous a presenté la rapide et sanglante époque de son établissement.

Comme la Convention n'existe plus, il est permis à présent sans offenser la dignité Nationale de dévoiler tous les motifs de sa conduite, pour mettre le Peuple en garde sur le retour des mêmes Catastrophes. L'intérêt personnel, la crainte, la vengeance, la faiblesse, l'esprit de faction, l'enthousiasme factice, l'ignorance, l'orgueil l'ont ballotée d'erreurs en crimes.

Les Gouvernants connaissaient, avouaient tous leurs délits. Ils avaient excité trop de haine et de mépris pour ne pas s'occuper exclusivement de leur sûreté au moment fatal de la dissolution de leur Assemblée. Ils ont crû n'avoir d'azyle assuré que dans la continuation du pouvoir. C'est ce qui a dicté le Décret de la Ré-Election des deux Tiers de leurs membres.

Cette disposition etait bonne en elle même; il suffisait de l'indiquer à la Nation, qui satisfaite de voir terminer la cruelle Anarchie contre la quelle elle réclamait depuis si longtems, avait intérêt à conserver une Majorité préponderante de ses anciens membres dans la nouvelle Législature.

Si la Convention Nationale avait eû la conscience de sa propre estime et de la considération publique, elle aurait certainement pris le parti noble et franc de proposer la Ré-Election des deux Tiers à titre de simple conseil. Mais elle était trop coupable et trop effrayée pour agir ainsi. Elle a porté une loi qui attentait réellement à la Souveraineté du Peuple, et cette loi a fait répandre beaucoup de sang, parceque les Sections de Paris, qui avaient raison dans le principe, ont eû tort dans les conséquences.

Le Convention devait d'autant plus pardonner les torts du 5 Octobre, qu'elle les avait provoqués par ses propres torts. Elle a puni la France entière des fautes de Paris, en revomissant dans la Societé des Monstres qu'il faudra de nouveau soumettre au glaive de la loi. Il est vraisemblable que Collot d'Herbois et Billaud de Varennes seront rapellés de Cayenne en vertu de l'Amnistie, qui s'étend sur tous les crimes de la Révolution. Voila Barrère en liberté, on a sans doute favorisé son évasion. Les prisonniers de Ham sont libres en vertu d'un Decrêt. Pache, Bouchotte etc. sont acquittés, et Paris est rempli de Jacobins et de Terroristes, qui vont *travailler* de nouveau.

On a déjà adouci autant qu'on a pû toutes les idées que le Peuple pouvait s'être faites de cette horde de scélérats qu'on a remis dans la Societé, la langue de la Révolution est composée de mots nouveaux, dont la pluspart, selon les circonstances, expriment des idées contraires à leur vraye signification.

La Secte horrible des Jacobins s'est reproduite avec avantage à l'occasion des disputes entre les Journalistes, qui se sont terminées par la scission entre la Convention et les Sections de Paris. Cette scission a enfanté les massacres du 5 Octobre; pour les opérer la Convention a pris l'odieux moyen de réarmer les Terroristes, ces mêmes hommes qui avaient massacre le Représentant Ferraud le 21 May, qu'elle avait elle même désarmés par un juste Decret le 23 du même mois.

Elle a fait de ces Monstres un Bataillon *sacré* sous le nom de Patriotes de 1789. Ces Terroristes, ces Patriotes, sont les Jacobins sous un nouveau *Sobriquet*, qui masque ce qu'ils sont, sous une dénomination, qui signifie ce qu'ils ne sont pas. Car quels etaient les vrais Patriotes de 1789?

C'étaient des hommes courageux qui abataient la Tyrannie Ministerielle, en détruisant la Bastille, en soutenant les Opérations légales de l'Assemblée de la Nation, en repoussant une Armée presque toute Etrangère conduite par le pouvoir arbitraire pour anéantir l'Assemblée constituante.

C'étaient des hommes qui attendaient avec confiance la Constitution faite par leurs Réprésentants, qui l'avaient acceptée avec transport, qui avaient aplaudi à la conduite grande et généreuse de cette Assemblée envers un Roi faible, que des Conseils perfides avaient entrainé au parjure et à la fuite.

C'étaient des Français braves, généreux, justes entr'eux et envers le Roi que la Constitution avait rendu inviolable, conciliant l'amour de la liberté avec celui de la justice et de la droiture.

Tels étaient les Patriotes de 1789. Peut-on s'aveugler assez pour donner ce nom aux Satellites des Marats et des Roberspierre? la Convention n'aura-t-elle pas toujours à se reprocher d'avoir associé, pour punir une insurrection illégale, mais provoquée, cette Horde de Cannibales avec les braves Soldats de la République? je ne conçois pas comment ces Soldats ont pû joindre leurs armes triomphantes à des armes aussi criminelles, comment un général a pû se présenter pour se mettre à leur tête.

Il est des démarches que le succès même ne justifie pas. Car enfin si dans les deux horribles journées de cette guerre Civile, la résistance des Parisiens eût été mieux combinée et plus opiniâtre, la Convention aurait eû la douleur de voir ses vengeurs égorgés par ses assassins, elle aurait tiré du fonds des cachots des Monstres pour massacrer un Peuple honnête qui l'avait toujours soutenue, même avec un zèle aveugle, qui depuis deux ans surtout résistait avec une constance opiniâtre à la famine et à toutes les calamités Révolutionaires pour ne pas se séparer de la cause de ses Réprésentants. La Convention dans cette catastrophe a été plus heureuse que sage.

C'est encore ici le cas de ranger tout ce qui s'est passé dans la classe des grands événements produits par les petites causes. Car quel est le principe des passions furieuses qui ont entrainé si loin les deux partis ? pas autre qu'une dispute de jalousie entre Journalistes, ou gens de lettres. Ceux en dehors de l'Assemblée mordaient par leurs satires les Journalistes et écrivains Réprésentants. Ceux-ci qui avaient été autrefois martyrs de la liberté de la presse, étaient devenus persécuteurs quand leur orgueuil d'écrivains avait été compromis. La chose Publique n'était pour rien dans cette querelle.

D'après cet exemple et tant d'autres des inconveniens qu'entraine la licence des Réprésentants qui dirigent et souvent égarent le Peuple dans des journaux, toujours au moins indiscrets, il devrait être défendu à tout Répréfentant, membre du Directoire, Ministre, ou principal Administrateur, de composer des Journaux, ou feuilles périodiques. La gravité de leurs fonctions, s'ils veulent les remplir avec dignité, est incompatible avec le métier de Folliculaires.

Si Tallien et son parti avaient été sûrs d'être réélus par les Sections de Paris, on n'aurait fait que rire des énergiques pamphlets de Richer de Serisy et autres, et il n'y aurait pas eû de massacre. Au reste dans tout ce qu'à écrit

Richer-Serisy avec sa plume de feu, il est des vérités terribles qui peuvent par la suite opérer une grande réaction, la trace de son charbon ardent a profondement silloné l'opinion publique. Si malheureusement un jour quelques unes de ses prédictions s'accomplissent, l'indignation publique dont on cherche à le couvrir retombera sur ses persécuteurs.

Si les passions les plus éffrenées n'étaient pas le seul guide qui parait conduire tous ceux qui gouvernent, ou agitent la France dans cette longue crise révolutionaire, on ne se serait pas couverts réciproquement de ridicules et de calomnies, on n'aurait pas vû la malice et l'esclavage lutter contre l'orgueuil et la vengeance, on ne se serait pas inondés de flots d'encre, convertis en ruisseaux de sang; on aurait discuté avec sens-froid et bonne intention les principes, et le parti dont l'opinion eût prévalu, n'aurait pas eû à craindre qu'on accusat la Constitution qu'il aurait produite, de violence et de tyrannie.

Ce reproche est toujours renaissant, et si par hazard le Gouvernement ne répondait pas aux brillantes promesses de la Convention, à l'espoir et au vœu des Peuples; si par hazard il ne procurait ni la cessation de la famine et de l'agiotage, ni la sûreté des propriétés et des personnes, ni le rétablissement du crédit National, ni la terminaison d'une guerre, qui depuis deux mois paraît prendre une tournure très défavorable, alors toutes les classes de Citoyens et même l'Armée exigeraient encore une autre Révolution.

Alors l'Armée reprocherait à la Convention même ses bienfaits, même l'augmentation, très dispendieuse et difficile à soutenir, de deux sols en numeraire, même le supplément pareil de paye ajouté aux appointements des officiers, elle reprocherait ce Décret des deux Tiers, qui a couté du sang, elle lui reprocherait la part politique qu'on lui a donnée dans la Constitution, en lui accordant une faculté délibérante, qui ne convient point à son organisation.

Il n'y a que l'excellence du Gouvernement qui puisse faire oublier tous les maux qui se sont reproduits dans cette dernière crise. On ne peut pas se dissimuler que la première Assemblée Législative ne se forme sous les plus mauvais auspices, que la faction des Jacobins ne vienne d'être rétablie par la faction Thermidorienne. Cette dernière a fait des Jacobins sa garde Prétorienne; mais espère-t-elle pouvoir les contenir dans de justes bornes, ou les précipiter de nouveau dans les enfers? elle a dit dans sa colere.

Flectere si nequeo superos, Acheronta movebo.

Voilà encore une fois les Démons déchaînés; leur règne affreux va renaître, il faudra de nouveaux massacres pour arrêter leurs progrès.

Les disgraces des armées vont encore leur donner un nouveau crédit. Déjà on dit qu'elles sont dues aux Royalistes, aux Aristocrates, pendant qu'elles ne sont que le fruit de l'imprudence et des plans téméraires ; on a déjà dit, on répétera que sous Roberspierre et avec le système de terreur on était victorieux partout. Ce n'est point sous un point de vue raisonable que cette suite de disgraces sera envisagée, la faction dominante ajoutera à cette calamité, en en abusant pour rétablir le règne de la terreur, à moins que le Gouvernement ne soit ferme, sage et imperturbable à la voix de toutes les factions, qui déchireront l'Assemblée législative.

Au reste le Gouvernement doit bien se persuader que la terreur serait à présent un mauvais levier pour remuer la Nation en masse. Lorsque Roberspierre a employé ce moyen, qui ne peut nulle part réussir qu'une fois, les frontières étaient entamées par l'ennemi, mais toute la Nation était dans sa force, il y avait encore du numeraire, les Assignats ne s'étaient par à beaucoup près élévés à une Masse aussi énorme, leur discrédit n'était pas encore consommé, les biens des Emigrés et leur mobilier existaient encore, toute la bande de Pays entre la France et le Rhin presentait à l'avidité du Soldat et surtout des Commissaires une proye attrayante, la conquête de la Hollande faisait espèrer de grandes Richesses, il y avait partout à gagner en s'avançant toujours devant soi. Les Français avaient le courage dévastateur des conquérants.

Le tableau est entièrement changé. Dans l'intérieur les dépenses ont plus que décuplé, le Directoire avec deux ou trois Milliards par mois pourra à peine faire face aux fraix du Gouvernement, soit pour retarder la banqueroute, soit pour détourner la famine, soit pour soutenir une guerre trop longue, et qui devient malheureuse, il ne lui restera pas de quoi solder le crime.

L'homme fait manque pour le récrutement, les chevaux pour les remontes et les Charrois, les Bestiaux pour la nourriture, les armes, les vivres, l'habillement sont rares, difficiles et dispendieux. Les Armées, après avoir épuisé les Pays conquis, que, malgré tous les Décrêts de réunion, aucun Soldat Français ne s'accoutume à regarder comme sa Patrie, n'aspire qu'à les abandonner pour rentrer dans ses foyers. La volonté manque encore plus que le courage, et bien loin de réussir à présent par la Guillotine à faire remarcher en avant des troupes dégoutées, et sacrifiées si longtems à un système odieux d'envahissement, il serait à craindre que ces mêmes Armées, rentrées dans leur Patrie, aigries par des revers multipliés, ne retorquassent contre les Gouvernants et les Législateurs l'argument de la Guillotine.

Il faut donc que, peut être contre leur inclination, mais pour leur propre sûreté, l'Assemblée législative et le Directoire s'opposent à la renaissance du Terrorisme, qu'ils reconnaissent que les moyens exagérés sont épuisés et plus dangereux que la crise même à la quelle on voudrait les faire servir de remède.

Il est tems de restituer à l'art Militaire l'éstime qui lui est dûe. Tant que les Coalisés ont agi sur des plans incohérents et sans ensemble, surtout tant que leurs Généraux n'ont pas eû carte blanche, ils ont été battus par une nécessité géométrique.

Lorsque les Français, au mois de Septembre, ont fait la folie de se mettre un grand fleuve à dos, pour entreprendre dans une saison pluvieuse, à l'aproche de l'Hyver, le siège d'une place très forte, défendue par une Armée, dont la circonvallation, coupée par deux rivières, exige deux Armées séparées, et même un troisième corps, pour couper la Communication de la pointe du Mein.

Lorsque séduits par la faiblesse avec la quelle les Palatins ont rendu Dusseldorff et Manheim, les Commissaires, où les Généraux, ont conduit des braves Soldats à la boucherie, et en ont fait massacrer l'élite dans des assauts téméraires contre Ehrenbreitstein et Kostheim; lorsqu'ils ont été se mettre entre deux feux sur le Berg le Strass. et se sont fait battre sur les deux rives du Neker.

Lorsque trop confiants dans des Rétranchements presqu'inataquables, ils se sont laissé chasser de devant Mayence: lorsqu'ils se sont toujours laissé tourner, et qu'ils n'ont tenu ni à Creutznach ni à Kayserlauter: lorsque sans moyens de subsistance, dans l'espoir de faire une diversion, ils ont fait repasser une seconde fois le Rhin à leur Colonne de Dusseldorf, et l'ont reportée sur la Sieg par le plus inutile, le plus faux et le plus dangereux des mouvements;

Lorsque les Imperiaux, revenus de leur première surprise, ont repris confiance en leurs Généraux, qui leur ont fait connaître la mauvaise position et la ruine probable des Armées Françaises; lors que tous les mouvements de ces Généraux ont été hardis, rapides et méthodiques; alors tout ce qui est arrivé

D

est dans l'ordre des évenements nécessaires : c'est un enchainement de causes et d'effets, que la Nation ne peut reprocher qu'aux auteurs du plan du passage du Rhin.

La retraite des Français est certainement honteuse, et leur coûte beaucoup d'hommes, de bagages et de munitions: mais elle ne doit pas les abattre, et ne doit être regardée que comme une forte leçon qu'ils se sont attirée. Les suites n'en sont pas même très dangereuses, à moins que l'esprit de vertige n'ait un principe plus profond; elles ne changent rien à la position intérieure, ni extérieure de la France. Cette retraite ne peut influer, ni sur les négociations pour la paix, ni sur la continuation de la guerre.

Il y a le même danger pour les Impériaux à s'établir à la rive gauche du Rhin, où ils n'ont ni places, ni magazins, qu'aux Français à avoir été se compromettre à la droite de ce fleuve. Ainsi cette suite de victoires n'est qu'une opération de défensive heureuse, parce qu'elle a été bien combinée, et elle ne peut pas se tourner en offensive pressante. Quand même les Impériaux auraient ce projet, ils seroient obligés de le suspendre jusqu'au printems; et les Français auraient le tems de préparer leurs immenses moyens de défense.

Mais cet enchainement de disgraces, dont j'avais prévû la possibilité dans le premier Numero de mon *coup d'œil politique*, doit faire connaître enfin aux deux Conseils et au Gouvernement, que cette fameuse barrière du Rhin n'est bonne que sur la carte. Les Français ont prouvé aux Allemands, et ceux-ci aux Français qu'on passe ce grand fleuve où on veut et comme on veut. Il n'y a de vrayes barrières que des places fortes et la bonne volonté des Peuples.

Tout le pays entre le Rhin et la Sarre, de la Mozelle à Landau, est ouvert et sans places fortes. Il n'y a pas une seule place entre Coblenz et Trèves pour défendre la Mozelle. Trèves n'est pas fort, et placé sur la rive droite, il est contre la défensive de cette rivière. Coblenz situé de même, est en outre soumis à Ehrenbreitstein.

La prise de ce chateau que les Français ont trop négligée était ou l'assurance, ou la ruine du projet du siège de Mayence. Jourdan ne devait pas passer la Sieg et s'avancer sur le Mein, avant d'avoir pris Ehrenbreitstein, pour s'assurer tout le cours du Rhin depuis Dusseldorf jusqu'à Mayence; ou plutôt il y avait tout un autre plan à suivre en passant le Rhin.

Tréves et Coblenz seront toujours facilement pris par une Armée Allemande lors de son invasion, et alors elles serviront de place d'armes pour porter la guerre à la rive gauche de la Mozelle et prendre à revers Bonn, Cologne, Aix la Chapelle et Liège, sans s'inquiéter de

Luxembourg, qui est trop en arrière, et trop loin, pour gêner les attaquants.

S'il y avait un camp retranché à la Chartreuse de Liège, si Hui était bien fortifié, ainsi que Limbourg et Namur, on pourrait arrêter l'ennemi sur la Meuse, et l'empêcher de pénêtrer dans la Belgique, en tirant sa ligne de défense depuis Luxembourg jusqu'à Venloo. Mais il faudrait toujours sacrifier tout le pays entre la Meuse et le Rhin, le cours de la Mozelle jusqu'à Thionville et toute la bande entre la Sarre, la Mozelle, le Rhin et Landau, pour en faire le Théatre de la guerre. Carnot qui peut passer pour un sçavant militaire, a exprimé à peu près la même opinion dans son discours sur la conservation des conquêtes.

Quant à la bonne volonté des Peuples, elle ne peut certainement pas exister de la part des Allemands de la Rive gauche du Rhin; on les a traités avec trop d'insolence, on les a dépouillés avec trop d'avarice, pour qu'ils s'identifient jamais avec la Nation dans laquelle on les a incorporés malgré eux, ou qu'ils s'attachent à une Constitution Républicaine, qui leur enlève leur Réligion, leurs mœurs, et qui ne leur produit que la guerre, le massacre, la famine, la pauvreté et tous les vices. On ne peut pas douter qu'ils ne fassent les vœux les plus ardents pour leurs Compatriotes qu'ils regardent comme des libérateurs, et s'ils ne se joignent pas à eux, c'est parce qu'ils sont désarmés, et avilis par leurs calamités.

Quant aux Belges, malgré les fausses assertions de Merlin de Douay et les ridicules certificats des Commandants militaires Français et des Commissaires du Pouvoir Exécutif qu'il opose à ma lettre à la Convention du 12 Mars 1793, et comme des preuves de leur unanimité pour l'incorporation de leur Pays, on verra à l'aproche des Imperiaux quels sont les vrais sentiments de ce Peuple opprimé. Il a déjà sa Vendée, et si elle ne grossit pas au point de faire une diversion éfficace en faveur des Autrichiens, au moins verra-t-on la Nation Belge rester neutre entre les combattans, et attendre avec la même apathie que par le passé la décision de son sort.

Tel est l'ésprit public de toute la frontière Orientale de la France. Le Directoire connaît également les vrayes dispositions de la Savoye, du Comté de Nice et de la Corse. Ce que les Factieux de l'Assemblée legislative appellent *la Faction des anciennes limites* est parfaitement justifié par cet état des choses.

Il est certain que le Gouvernement Français ne peut pas se flatter de conserver ses conquêtes, par ce que la trop grande extention de territoire qu'il à acquis exige pour sa conservation de trop fortes Armées, et par ce que les Peuples de ces contrées n'aideront pas même à leur propre défense

Il est certain que la France n'aura la Paix qu'en renonçant à ses conquêtes, et en l'annonçant avec autenticité. Il est certain qu'elle a le plus grand besoin de la Paix, sans quoi non seulement sa Constitution n'est pas assurée, mais elle a tout à craindre pour sa liberté même. Voilà les grands objets qui doivent occuper en ce moment les Réprésentants de la Nation, et qui doivent être discutés avec maturité, pour préparer la Nation à la sagesse et à la justice.

Je ne dis pas que le tems des disgraces soit celui qu'on doive choisir pour annoncer la décision de cette importante question. A Dieu ne plaise qu'après cinq ans de triomphes les Français ayent l'air de céder à la force. Ils ont encore d'énormes ressources, dont le passage du Rhin par les Imperiaux exige le promt développement. Mais lorsqu'ils auront rétabli leur supériorité, ou au moins l'égalité dans les opérations militaires, lorsqu'il n'y aura plus de honte pour eux à négotier, alors il est à souhaiter qu'abjurant l'injuste et dangereux système de conquêtes, ils terminent cette guerre, et qu'ils ajoutent aux sanglants et funestes triomphes qu'elle leur a procurés, la gloire plus utile d'être justes et généreux. C'est là ce qu'ils doivent aux principes de la Constitution qu'ils viennent d'adopter, elle proscrit les Conquêtes et les Guerres offensives.

De la Constitution de 1795.

La Constitution est le principe du Contract Social; le Gouvernement en est l'action; ses mouvements ne doivent pas être gênés tant qu'ils sont dans la Constitution, ils ne doivent rencontrer aucune repression de la part d'aucune des parties du Corps Social; le combat qui en résulterait produirait l'anarchie.

Le Peuple Français a décidé son sort en acceptant la Constitution Républiquaine.

Il doit regarder le corps Législatif comme l'organe de la loi, et ne souffrir de sa part aucun empiètement sur les fonctions du Directoire Exécutif. Il est possible de rendre un Peuple heureux avec un Gouvernement sans Constitution, mais il ne peut resulter que le malheur Public d'une Constitution sans Gouvernement.

La Constitution, examinée impartialement, est meilleure dans ses détails que celle de 1791, car quant aux principes ils sont les mêmes, quoique l'une fût Monarchique, et que l'autre soit Républiquaine. Il est même vrai que la dernière

Constitution pourrait mieux s'amalgamer avec une Monarchie constitutionelle que la première. Il ne s'agirait que de relier en un tôme les cinq volumes du Directoire, en prolongeant à vie la Présidence, ou la rendant héréditaire.

On ne peut qu'applaudir au courage et au patriotisme, ainsi qu'aux talents du petit nombre de Députés qui sont venus à bout de la faire adopter après un Gouvernement Révolutionaire, après la tyrannie de Roberspierre, au milieu d'une anarchie furieuse, soutenue et propagée par la majorité d'une Assemblée pleine de passions aveugles. Il y a eû une grande audace à supprimer en entier la dégoutante Constitution de 1793, après que la Convention avait juré sous le poignard de la maintenir.

On est étonné qu'au moment où l'anarchie triomphait, onze Réprésentants ayent eû la force ou la magie, 1°. d'anéantir les Sociétés Populaires. 2°. De classer avec sagesse les differents corps de la Nation, dont le premier terme est la Répresentation législative, le second le Directoire exécutif, le troisième le Ministère, le quatrième la judicature, le cinquième les Administrations de Départements, de Districts et de Cantons. Tant que ces dernières fonctions ne seront pas soldées, elles ne pourront être attribuées qu'à des propriétaires aisés, et par conséquent de la classe la plus intéressée au maintien de la Constitution.

La division du corps législatif en deux Chambres est bien combinée pour balancer la pétulance populaire d'un Senat Démocratique. Son renouvellement partiel est sage, parcequ'il conserve l'esprit de la Constitution, et qu'il arrête la rage d'innovation qui l'altérerait très vite.

L'action immédiate du Directoire Exécutif sur tous les corps Administratifs lie toutes les parties de la République, elle abbat le pouvoir Municipal, qui tendait à isoler chaque portion du tout. Si on avait conservé au pouvoir Municipal toute son influence, la France aurait fini par ne présenter qu'un amas de Fédéralités comme la ligue des Achéens.

Cette Constitution présente dans la création de son Directoire un autre avantage sur celle de 1791. Dans celle-là le Pouvoir Exécutif n'était ni dedans, ni à côté, mais dehors et en opposition de la

Constitution. Dans cette dernière, il est dans la loi, et ne peut pas en sortir sans qu'elle soit dissoute, soit que le dérangement arrive par l'usurpation du Pouvoir Législatif, ou par la tyrannie du Directoire. La loi est le modérateur exact qui tient en balance les deux Pouvoirs. Toute la force du Peuple est dans la Constitution, soit contre l'ambition des Gouvernants, soit contre les attentats de ses propres Législateurs.

Il semble qu'on aurait dû ajouter aux droits du Directoire Exécutif la faculté du proposer des loix, car les Gouvernants sont plus à portée d'apprécier les besoins que la multitude. Cette faculté eut été sans inconvénient, puisque le Peuple a toujours dans ses Réprésentants des examinateurs sévères et vigilants, chargés de discuter la nécessité et les motifs de ces propositions.

Enfin cette Constitution a passé les espérances, que devait diminuer la confusion qui a enveloppé sa naissance; les Citoyens qui l'ont faite méritent la réconnaissance de la Nation qu'ils ont tirée de l'anarchie.

On est faché de voir cet estimable ouvrage deshonoré par deux articles additionels qui le terminent, dont le premier, qui bannit à *perpétuité* les Emigrés, est inhumain, le second qui maintient en possession l'acquereur de leurs biens, *quellequ'en soit l'origine*, est injuste: car s'il est prouvé qu'on a vendu injustement, c'est l'acquéreur que le trésor National doit indemniser, et non pas le propriétaire, qui dès que l'injustice est reconnue doit rentrer dans sa propriété.

Voilà ce que prescrit la justice universelle. J'ai lû avec indignation dans un Journal Allemand la défense de l'opinion contraire. Si un voleur enlevait à ce sophiste sa bourse, trouverait-il équitable la décision d'un juge qui prononcerait que le voleur doit conserver la bourse, et que le volé sera indemnisé sur le Fisc ?

La Convention n'a pas eû le droit de placer dans la Constitution ces deux articles qui sont des arrêts, car une condamnation n'est pas une loi. La Nation ne peut pas être liée par ces deux articles, qui sont deux Décrets de passion, et de circonstance, insérés mal à propos dans lel code constitutionel, dont ils ne font pas partie.

La Convention n'a pas eû le droit de lier toutes les Législatures suivantes à perpétuer ses vengeances et son injustice. Ce serait fonder la liberté Française sur le sang et la rapine. Quand les ressentiments seront éteints, quand les passions seront épuisées, le Français reviendra à son caractère, il aura horreur de ces deux loix, et il les effacera de son code constitutionel.

Un autre article qui méritera l'attention de la Nation, c'est le danger de la trop grande amovibilité des emplois. sans contredit l'hérédité et la vénalité sont deux vices absurdes dans tout Gouvernement, elles étouffent l'esprit public et le patriotisme, et je n'ai jamais lû en leur faveur que des sophismes, écrits avec toute la mauvaise foi de l'esclavage.

L'inamovibilité des emplois ne peut pas exister dans une République fondée sur l'égalité, parceque tout Citoyen est susceptible de récompenses et de châtiments. Mais ce ne doit être qu'à l'un de ces titres qu'un Citoyen doit être, ou revêtu, ou dépouillé de l'emploi auquel il se consacre.

Dans un Etat Social aussi compliqué que ceux de notre siècle, toutes les fonctions publiques demandent des études aprofondies et une longue expérience. Les emplois sont devenus des Arts. Tout Citoyen que son application a porté à une place d'Administration civile, ou Militaire, ou de Judicature, doit, s'il est possible, y rester toute sa vie.

1°. Pour que cette Place soit bien remplie. 2°. Pour qu'il puisse par son exemple former des sujêts, qui ayant la même espérance, soyent animés du même zèle, et acquèrent les mêmes talents.

3°. Pour que la Considération de sa place rejaillisse sur sa personne, et soit en même tems fortifiée par son mérite. 4°. Enfin parce qu'une République ne peut prospérer que lorsque les talents seront régardés comme la plus précieuse des propriétés.

La mobilité indéfinie des emplois les dépouille du respect qui doit les accompagner, et diminue la considération des Citoyens qui en sont revêtus. Elle excite l'ambition, mais elle n'encourage pas le désir de bien faire. Elle occasionne des brigues, des jalousies, des haines. Peu de personnes voudront étudier toute leur vie pour parvenir à bien exercer un emploi, qu'elles ne peuvent garder que deux ans. Ainsi cette mobilité ne peut procurer ni de bons Administrateurs, ni de bons juges, mais des intriguants et des fripons, qui chercheront à profiter du cours période de leur existence publique pour s'enrichir, puisque les places ne leur laisseront pas d'autre objet d'ambition.

Le Peuple exerce un de ses droits les plus sacrés dans le choix de ses Administrateurs et de ses juges, mais pour son propre bien, il ne doit les renouveller que dans le cas de mort ou de forfaiture. Autant il est intéressant pour lui d'avoir dans les places d'administration et de judicature, dans les flottes et dans les Armées, des hommes d'un grand talent, par conséquent de ne destituer de ces emplois que pour forfaiture, et de les continuer aux mêmes sujets, jusqu'à l'age d'une vétérance caduque; autant il doit être exact à changer fréquemment les places de Réprésentants à la Législature, du Directoire Exécutif et du Ministère, pour éviter que ceux qui en sont revêtus n'aspirent à s'aproprier la Souveraineté, dont des portions leur sont confiées.

Il serait dont utile de diviser tous les emplois publics en deux classes, les uns à vie, les autres à terme de trois et cinq ans. Cette division se présente d'elle même. La dernière classe ne comprendrait que la Législature, le Directoire, le Ministère et les Délégués, du Pouvoir Exécutif dans les Départements.

J'ai dit que la division de la Réprésentation Nationale en deux Conseils était avantageuse, mais le Corps législatif est peut-être trop nombreux, et a trop peu d'occupation pour être dangereux. On pourroît sur son organisation et sur ses fonctions œconomiser et simplifier, sans nuire à l'intégrité de la Souveraineté du Peuple, ce serait peut-être le plus sur moyen de la maintenir, en évitant les chocs entre les deux Chambres, ou entre les deux Pouvoirs.

Trop de loix, point de loix. On n'a déjà que trop fait de loix, on ne peut pas faire des loix toute l'année, et si on veut que des loix soyent mal faites, il n'y a qu'à les faire faire par cinq cent personnes.

Les fonctions des deux Conseils sont très distinctes. L'attribution du Conseil des Anciens est de veiller sur l'intégrité de la Constitution, et de ratifier par sa sanction les nouvelles loix qui seront proposées par le Conseil des cinq cent. Ce Veto est sage, parce qu'il ne sert point l'ambition particulière, parce qu'il reste entre les mains du Souverain, qui est le Peuple, au lieu que dans la Constitution de 1791, il était attribué précisément au Pouvoir, qui en abusant de cette faculté, pouvait devenir oppresseur.

Le Conseil des cinq cent est chargé de proposer les loix qu'il juge nécessaires pour le soutien de la Constitution. Ces fonctions importantes sont bien positivement des travaux de cabinet, parce qu'elles demandent de l'application et du recueillement, ainsi la multitude ne peut que nuire à la perfection des productions qui en sortiront.

Il parait donc, 1°. que chaque Conseil est trop nombreux pour son genre de travail, 2°. qu'il est au moins inutile qu'il se rassemble tous les jours, parce qu'il n'a pas matière suffisante à occuper toutes ses séances.

En fait de Gouvernement, comme en Méchanique, plus il y a de ressorts, moins le mouvement est assuré; tous ceux qui ne sont pas indispensablement nécessaires sont nuisibles.

Quoiqu'on parle continuellement de vertus en France, il s'en faut de beaucoup qu'on puisse espérer que les sept à huit cent Réprésentants du Peuple seront des sages, des vrais Patriotes, des Sénateurs désintéressés et impartiaux. Cette perfection n'est point dans la nature humaine, et si elle pouvait exister, ce serait en France moins qu'ailleurs qu'il faudrait la chercher ; puis qu'encore on y sacrifie continuellement à l'orgueil, à l'avarice, au meurtre, à la vengeance, à l'égoïsme, puis que même on a fondé l'hypothéque de la fortune, ou plustôt de la misère publique, sur une injustice très immorale, puis que le berceau de la République est tissu des crimes de ses fondateurs, puisque la nouvelle Constitution n'a changé ni les principes, ni les hommes.

La composition actuelle de la Réprésentation Nationale entraine beaucoup d'inconvenients et même de dangers.

L'oisiveté à laquelle elle sera réduite pendant la plus grande partie de l'année, la rendra paresseuse, minutieuse, intriguante; dans ce cas elle tombera dans le mépris, et elle ne servira plus de contre-poids au Directoire Exécutif, qui l'éclipsera entièrement. Alors les Réprésentants, n'ayant rien à faire pour la chose publique, ne s'occuperont que d'eux-mêmes, ou de leurs parents et amis, ils deviendront les clients des Directeurs et des Ministres, et ils s'accoutumeront à la vénalité et à l'esclavage.

Si le conseil des cinq cent, (car celui des anciens est purement passif) craint cette oisiveté et les vices et le mépris qui en résulteraient, ils deviendra inquiet et factieux, il sera la pépinière d'un tribunat populaire, toujours prêt à accuser et opprimer le Directoire et les Ministres, et en toute occasion il se mêlera, contre l'esprit de la Constitution, de toutes les affaires publiques, soit pour influencer le Gouvernement, soit pour le contrequarrer, le changer, l'abbattre, pour se donner de l'importance. L'odieux métier de délateur deviendra un titre de Patriotisme dans cette Assemblée turbulente; on y vera régner encore les factions, elle redeviendra immorale et anarchique, comme la Convention Nationale l'a toujours été de son propre aveu, et la Constitution ne pourra pas resister longtems à tous les tiraillements de l'ambition particulière et de la frénésie publique.

Il est nécessaire de conserver la Représentation Nationale telle qu'elle est établie par la Constitution. Il est nécessaire de l'entourer d'une grande dignité. Il est nécessaire de l'empêcher de s'égarer dans ses fonctions par l'extention qu'elle croirait devoir leur donner, pour éviter l'oisiveté. Il est nécessaire que le Peuple ne puisse jamais trouver qu'elle soit un moment inactive, par conséquent inutile.

Bien loin de craindre d'altérer la Constitution, je croirais rendre à ma Patrie le service de l'asseoir sur une bâze plus solide, en proposant;

1°. De diminuer considérablement le nombre des Réprésentants, sans rien changer à la forme et aux attributions de ses deux Conseils. Trois Députés par Département suffiraient pour réprésenter la Nation, dont l'un entrerait dans le Conseil des anciens, deux dans celui des cinq cent.

Il faudrait fixer l'âge des Réprésentans à 40 ans, afin que les Membres eûssent déjà passé par d'autres emplois, que leur caractère moral fût formé et connu, que leurs Concitoyens pûssent les juger sur leurs services, et non pas sur leur *parlage*, enfin pour qu'on ne prit pas les bluettes de la jeunesse pour du génie. Il n'y a que trop d'esprit en France, c'est le bon sens qu'il y faut mettre en réquisition permanente. Ainsi le Conseil des anciens serait composé d'environ cent Membres, celui des cinq cent (auquel on donnerait une autre dénomination) serait du double. Leurs fonctions seraient Triennales, comme le prescrit la Constitution, tous les ans l'un des trois sortirait par le sort, et un nouveau Membre prendrait sa place.

Une pareille Assemblée aurait bien plus de dignité que celle actuelle, elle serait aussi mieux choisie, elle coûterait les deux tiers de moins à la Nation, et en outre ce seraient moins d'individus et de familles nouvelles à enrichir aux dépens du Peuple. Car il n'est que trop vrai que la plus-part des Députés des trois Législatures, qui ont précédé l'établissement Constitutionel de la République, se sont considérablement enrichis, et que toujours ils chercheront à s'enrichir dans ces places triennales. C'est un inconvénient auquel il est impossible de rémédier. La déclaration à laquelle on a vainement tenté plusieurs fois de les soumettre, pourrait facilement être éludée, et serait une humiliation inutile, qui ne ferait qu'afficher un manque de confiance de la part du Peuple dans la moralité de ses Réprésentants.

2°. De ne rassembler la Législature que trois mois par an, pour recevoir les comptes de recette et dépense, déterminer les contributions et la répartition des fonds de l'année suivante, connaître les relations extérieures, l'état intérieur, fixer la dette publique et les amortissements, faire sur la présentation du Directoire et des Ministres, les loix, ou les modifications des loix nécessaires, juger la conduite des grands Administrateurs sur les dénonciations autentiques, en cas qu'ils eûssent manqué à la Constitution, prèndre toutes les mesures nécessaires pour la fortifier, enfin proposer les points vicieux au tribunal de révision.

Il faudrait statuer surtout que la Législature ne pût dans aucun cas être Assemblée moins de trois mois, et plus de six, pour que jamais elle ne pût s'emparer des pouvoirs réunis, ou rétablir un pouvoir Révolutionaire, qui est la tyrannie fondée sur l'anarchie, ou se déclarer jamais en permanence.

3°. Pour empêcher que pendant les neuf mois de vacance de l'Assemblée législative, le Directoire Exécutif, ou un particulier quelconque ne pût attenter à la Souveraineté Nationale, il serait nommé chaque année neuf membres, dont trois de la chambre des Anciens, qui auraient la même résidence que le Directoire, et qui s'assembleraient tous les jours sous le nom de *Comité de Surveillance.*

Leurs fonctions consisteraient à recevoir toutes les dénonciations qui seraient faites de toute démarche qui violerait, ou même écarterait la Constitution dans les actes ou la conduite du Gouvernement. Ce comité donnerait sur le champ par écrit communication de la dénonciation au Directoire, mais sans compromettre le dénonciateur, il recevrait aussi par écrit la réponse du Directoire: si après l'explication la dénonciation se trouvait calomnieuse, le dénonciateur serait remis à un tribunal: si elle se trouvait vraye, ou le Directoire et le Ministre redresseraient l'abus et puniraient le coupable, auquel cas ils ne mériteraient aucun blâme, ou ils soutiendraient les accusés; alors le comité renouvellerait son avertissement jusqu'à trois fois toujours par écrit. Après quoi si le délit était grave, et pouvait entraîner, ou le renversement de la Constitution, ou l'usurpation de la Souveraineté, en un mot si la République se trouvait en danger, le comité aurait le droit, et serait obligé, de convoquer extraordinairement l'Assemblée législative par la formule simple de la Déclaration suivante : *La République est en danger.*

Le Comité de surveillance n'aurait d'ailleurs aucun droit de s'immiscer dans le Gouvernement; il n'aurait aucune force ni active, ni prohibitive, ni coercitive, et il n'aurait aucun ordre à donner.

Si le délit n'emportait pas un danger imminent pour la République, le Comité attendrait l'époque de sa rentrée, alors il rendrait compte du délit, des avis qu'il a donnés et des réponses qu'il a reçues, pour que les chambres pûssent statuer suivant les formes prescrites par la Constitution.

Pour éviter que ces neuf Réprésentants pûssent être gagnés, et entrer dans un complot contre la Constitution et contre la Souveraineté Nationale, il faudrait que la négligence de leurs devoirs fût punie comme un crime capital. Cette négligence serait facilement reconnue par l'Assemblée, soit parce qu'elle s'apercevrait elle même de la lésion faite à la Constitution, soit parceque le Citoyen qui aurait eû le courage de porter la dénonciation au Comité de Surveillance rendrait compte de son inaction, ou par le renouvellement de sa dénonciation, ou par la clameur publique.

Le Comité de Surveillance n'aurait le droit d'inquiéter le Directoire par ses avis que dans le cas d'une dénonciation. Il n'aurait le droit dans aucun cas de faire des recherches sur l'Administration par lui-même, ni de porter un regard investigateur dans les bureaux du Directoire et du Ministère.

Il ne lui serait jamais permis, collectivement, ou individuellement de se porter pour dénonciateur. Ses fonctions seraient purement passives.

Ce Comité n'exerçant aucune autorité, ne pourrait jamais gêner, ou arrêter la marche du Gouvernement; il aurait tous les avantages du Tribunat Populaire, sans en avoir les inconvénients.

6.

Cependant les deux conseils de la Législature n'étant tenus qu'à une session de trois mois par an, seraient suffisamment occupés de la partie de l'Oeconomie Politique que leur attribue la Constitution. Aucun membre ne pourrait se dispenser sous aucun prétexte de se rendre au sein de l'Assemblée, les places vacantes de chaque Département seraient remplacées sur le champ. Il n'y aurait ni influence ni confusion entr'eux et le

Gouvernement. Cette Assemblée ne serait plus ni bavarde, ni factieuse, ni ridicule. Elle serait toujours utile, et par conséquent toujours environnée de respect et de dignité.

De ces trois propositions, comme la première qui consiste à faire une diminution des deux tiers dans le corps législatif, entraîne une innovation dans sa forme Constitutionelle, elle ne pourrait pas être effectuée tout de suite, mais elle pourrait être présentée d'abord à la révision comme avantageuse.

Quant à la seconde et à la troisième, comme elles ne sont qu'un changement dans la modification de l'Assemblée législative, et qu'elles ne touchent en rien à la Constitution, cette première Législature pourrait les adopter sur le champ, pour éviter les dangers du mauvais emploi de son tems, qu'elle reconnait dès le commencement de sa première session, auxquels il faut opposer un promt expédient, avant que le mal ne devienne peut-être irrémédiable.

Il ne s'agit pas de considérer si l'auteur de ces trois propositions est proscrit, ou non, mais de péser attentivement quel est leur dégré d'utilité. Un proscrit, réfléchissant dans la solitude, peut avoir des idées sages et utiles. Ce proscrit déteste les factions, mais il aime sa Patrie, que, quoiqu'en disent tous ses ennemis, il a sauvée, et qu'il sauverait encore, s'il était rappellé dans une crise dangereuse. Il désire le bonheur de ses Concitoyens sous quelque Constitution qu'ils adoptent, et si la République peut un jour faire la félicité du Peuple Français, il criera comme les Grenadiers qu'on fusillait cette année à Aix la Chapelle, *Vive la République!*

Du Gouvernement.

Le bût unique de toute Constitution quelle qu'elle soit est de donner à la Nation un bon Gouvernement. Si le Gouvernement marche bien, la Constitution est bonne; si la jalousie de l'exercice de la Souveraineté peut établir une lutte entre les deux Pouvoirs, la Constitution ne vaut rien.

L'essai de la liberté depuis six ans a conduit à l'anarchie, la chûte de la Constitution conduirait au despotisme. Tout doit donc tendre à favoriser l'établissement du Gouvernement, et à assurer la liberté de ses mouvements.

Le Directoire éxécutif doit être impassible, et ne s'occuper absolument que des affaires. Il doit rejetter toute influence de tout Membre de l'Assemblée législative, toute recommandation, toute clientéle. S'il se laisse entamer, il est avili et perdu.

Il est à craindre qu'en montrant cette infléxible énergie, en sacrifiant au bien public son intérêt personnel, il ne s'expose à des ressentiments, à la vengeance, aux accusations de toute espèce. Le Peuple, accoutumé à regarder les membres du Gouvernement comme ses serviteurs, ou plustôt comme ses esclaves, sera toujours prêt à adopter toute accusation contre eux, parceque les délateurs lui inspireront toujours la jalousie de sa Souveraineté, et que c'est sur ce motif qu'ils dirigeront toujours les griefs contre les membres du Gouvernement qu'ils voudront perdre.

Un autre danger pour les cinq membres du Directoire éxécutif, c'est la jalousie et l'opposition qu'ils peuvent souvent rencontrer dans les six membres du Ministère. La subordination des Ministres devrait être absolue, pour qu'il n'y eût jamais de frottement entre le commandement et l'exécution.

Mais comme ces six Ministres, quoique choisis par les cinq membres du Directoire, sont assujetis à une responsabilité particulière et personnelle, comme leur destitution n'est pas dans la main du Directoire, ils sont réellement indépendants. Ce sont deux corps séparés dans le Gouvernement, et tous corps séparés tendent à lutter entr'eux.

Il est à craindre que lorsque les Ministres s'apperçevront que le Directoire en entier, ou quelques uns de ses membres déplairont à une des factions de l'Assemblée législative, ou à l'une de ses chambres, ou au corps législatif entier, ils ne se séparent du, ou des membres en défaveur; ce qui serait une source continuelle de délations, d'opposition, d'actes de désobéissance, sous le prétexte du bien public.

Il serait pareillement à craindre que les Ministres ne se rendissent indépendants chacun dans leur Département, ce qui rendrait le Directoire oisif, nul et inutile, par conséquent méprisable comme un Roi fainéant. Alors n'ayant plus ni activité, ni dignité, il tomberait de lui même.

Lorsque je présente ces objections contre la marche du Gouvernement établi en conséquence de la Constitution que le Peuple Français vient d'accepter, ce n'est qu'afin que l'Assemblée législative, dont le devoir est de régler tout ce qui peut ndre à la perfection de la Constitution, pourvû qu'elle n'y change rien, obvie, dès le principe de son établissement, aux deux dangers qui peuvent entraver la marche du Gouvernement, dont la France a un besoin extrême.

1°. En ôtant aux membres des deux Conseils législatifs la faculté d'influencer le Directoire et le Ministère, soit dans la nomination des emplois, soit dans la conduite des affaires, en faisant à cet égard une loi très sévère pour mettre les membres du Directoire et tout ce qui dépend d'eux à l'abri de la vengeance et des accusations des Réprésentants, qu'ils auraient pû irriter par un juste refus.

Cette loi est d'autant plus urgente que le corps législatif doit s'attendre à être toujours divisé, au moins en deux factions, que cette opposition, dérivante de la nature humaine, est peut être nécessaire pour le soutien du zèle patriotique et de la Constitution: que dans cette lutte le Gouvernement doit toujours rester neutre et libre, sans quoi celle des factions qui entraînerait, ou soumettrait le Directoire, serait maîtresse de tout, et détruirait la liberté.

2°. En soumettant par une loi précise les six membres du Ministère aux cinq membres du Directoire, de manière que sous aucun prétexte ils ne puissent jamais établir une scission dans le Gouvernement. La maxime machiavélique *Divide et Impera* peut en quelque façon être adoptée entre deux Pouvoirs hétérogenes comme le législatif et l'éxécutif, mais elle deviendrait la subversion de tout ordre et même du contract social, si elle était introduite entre les parties du même Pouvoir. Le Directoire est la tête, le Ministère est le bras; dès que le premier cesserait de régler les mouvements du second, il n'y aurait plus de Gouvernement.

3°. Il est nécessaire aussi que pour donner au Gouvernement de la force et de la dignité, toute accusation, ou délation intentée contre un de ses membres, soit du Directoire, soit du Ministère, puisqu'ils sont soumis à une égale responsabilité, ne puisse être accueillie par le Conseil des cinq cent sans être signée par le dénonciateur, et qu'en cas de calomnie, d'intrigue, ou de légéreté dans l'accusation, on ne se contente pas de renvoyer le membre accusé à ses fonctions, mais que la loi prescrive différents dégrés de punition pour les différents dégrés d'injures faits à l'accusé. Quelque sévère que puisse être cette loi, le danger des dénonciateurs sera toujours moindre que celui des dénoncés.

4°. Par la même raison le Corps législatif ne doit jamais permettre qu'aucun de ses membres se porte comme accusateur des membres du Directoire, du Ministère, ou de l'Administration, puisque le Conseil des cinq cent doit prononcer s'il y a lieu, ou non, à l'examen de la conduite de l'accusé, et que celui des Anciens doit le condamner, ou l'absoudre. Dans le cours de cette terrible révolution les Réprésentants du Peuple ont été trop souvent accusateurs et juges à la fois.

H

Si l'Assemblée législative débute par porter ces quatre loix d'urgence, elle s'honnorera aux yeux de la Nation, qui jugera avec raison qu'elle ne veut pas permettre qu'aucun de ses membres puisse, en avilissant le Pouvoir Exécutif, ou s'enrichir soi et les siens, ou se donner des clients, ou accaparer les fonctions publiques, ou influencer le cours des affaires, s'emparer du pouvoir suprême, en gagnant, éffrayant, ou perdant les membres du Directoire, ou du Ministère.

Alors le Gouvernement aura toute la facilité possible pour agir, et s'il ne marche pas bien, on jugera plus sûrement quels sont ses défauts, et on pourra y remédier sans secousse. Il faut, surtout dans le début d'une Constitution qu'on veut rendre solide, que la Puissance législative n'ait d'action sur le Pouvoir Exécutif que pour le secourir et l'appuyer. Ainsi toute personnalité d'un Réprésentant contre un membre du Directoire, ou du Ministère, doit être regardée comme un crime contre la Constitution, parcequ'en troublant le Gouvernement Constitutionel, il détruit la solidité du contract social, et il ramène au Gouvernement révolutionaire, ou à l'anarchie.

Les fonctions du Directoire Exécutif seraient effrayantes et presqu'impraticables sans ces quatre loix, que je propose; avec ces loix elles deviennent faciles, et c'est surtout ce qu'on doit chercher.

Toute la science du Gouvernement, quel qu'il soit, est de protéger les propriétés et les personnes. C'est pour garantir les unes et les autres que les sociétés se sont formées, et se sont donné des loix.

Les Peuples les plus simples ont dévéloppé souvent les meilleurs principes, dont on ne s'est que trop écarté, en voulant les soumettre à l'analyse.

Les Montagnards de la Carinthie proclamaient autrefois leurs Ducs sur un Pavois au milieu d'un champ. Tout leur code social était renfermé dans un vieux distique Latin, qui comprend tout ce que la Métaphisique a tant embrouillé depuis.

Rusticus et princeps meritò dat sceptra, capitque,
Sustentat cives ille, sed iste regit.
Serviet ille lubens, bene si servetur ab isto.
Rus colat hic, alter res tegat agricolæ.

„C'est justement que le propriétaire donne "l'empire, et que le Prince l'exerce. Le "premier nourrit les Citoyens, le second les "gouverne. Le propriétaire obeïra volontiers, "s'il est bien défendu par le Prince. L'un "doit cultiver, l'autre doit protéger.

Dans une République c'est la loi qui est le Prince, et les Préposés chargés de la faire exécuter doivent jouir spécialement de sa protection. lorsqu'ils remplissent exactement leurs devoirs. Si on les tient continuellement sous le poignard des délations, on les avilit: alors ils n'ont plus ni le courage ni la force nécessaires pour gouverner.

On parle continuellement de vertu en France, mais à force de soupçons on n'y croit plus, et on en étouffe le germe. Si elle céde aux circonstances, on la traite d'indifférence, de Modérantisme, d'Aristocratie. Il n'y a donc plus que des ambitieux téméraires qui puissent aspirer aux emplois publics, l'homme sage se cache, la prudence l'emporte sur le Patriotisme.

La révolution étant terminée, la République étant établie par le vœu de la grande majorité de la Nation, la Constitution étant faite et consentie, le premier effet qui doit en résulter est un changement moral, qui éteigne les haines, les soupçons, les injustices et les crimes.

La liberté doit être pour tous. Tout Français qui ne veut pas se soumettre à un Gouvernement Républiquain doit avoir la liberté de vendre ses propriétés, et de s'expatrier. La Nation n'a le droit ni de le dépouiller, ni de le forcer à vivre sous un régime social qui ne lui convient pas. Mais aussi tout Français qui se soumet à la Constitution Républiquaine est tenu de la maintenir et de la défendre.

Ce n'est réellement que de l'époque du jour où a commencé le Gouvernement Républiquain Constitutionel que commence aussi le crime de Lèze-Nation. Tout ce qui s'est passé précédemment, aux atrocités près, n'est qu'un combat d'opinions et de factions. Cette époque doit éffacer, s'il est possible, jusqu'aux crimes, pour ne pas les perpétuer; mais s'ils restent impunis pour avoir été trop multipliés, il faut au moins ôter aux nombreux satellites de la dernière tyrannie la possibilité de renouveller toutes les horreurs qui ont souillé cette terrible révolution.

Déjà un certain nombre a été écarté par l'indignation publique, et sans la malheureuse guerre des Sections de Paris, on n'aurait plus entendu parler des Terroristes et des Jacobins. Il est à espèrer que les Départements auront choisi peu d'individus dans cette Secte abhorrée pour former la nouvelle Législature, et qu'ils ne présenteront dans la première Assemblée qu'une minorité honteuse, qui s'épurera aux Législatures suivantes.

En attendant, il est à souhaiter que ces loups déguisés soyent obligés de changer leur langage, et de maudire à l'unisson de la majorité le terrorisme qu'ils cacheront dans leurs cœurs. Peut-être leur impuissance les corrigera-t-elle, surtout si on ne rétablit pas les Clubs délibérants, ces écoles publiques où l'on professait le crime et l'anarchie.

Cette époque doit procurer une renaissance, une régénération de la Nation Française. Pour pouvoir se conserver République, elle doit se rendre digne de soutenir ce régime austère, qui demande des vertus très actives. Les meilleures loix possibles deviendraient insuffisantes et illusoires, si le Gouvernement manquait de la force nécessaire pour les faire exécuter. C'est surtout pour la partie de la rentrée des contributions publiques que le Directoire doit être armé d'une grande puissance.

La révolution n'a pas mis d'égalité dans les fortunes, elle n'a fait que changer les riches en pauvres et les pauvres en riches. Les possessions territoriales ont passé des mains des anciens seigneurs dans celles des fermiers. Les hotels du fauxbourg St. Germain sont possédés par des agioteurs les plus vils, des commis et d'anciens |valets enrichis. Cette nouvelle classe d'*Aristocrates* est bien plus immorale, plus récalcitrante à la loi, que celle qu'on a dépouillée et contre la quelle on a fait des plaintes si exagérées.

Les cultivateurs ne veulent point recevoir d'Assignats, quoiqu'ils veuillent payer en Assignats leurs Contributions, ils mettent la cherté aux subsistances, et cependant, tant que durera la guerre, on n'a rien à leur reprocher, car c'est sur eux que tombe tout le fardeau des réquisitions en hommes, en chevaux, en bestiaux, en charrois, en denrées; ainsi cet état de guerre entr'eux et les Citoyens des Villes, entr'eux et le crédit national, n'est qu'une répréssaille sans la quelle ils seraient ruinés, s'ils ne trouvaient ce moyen de dédomagement.

Il faut cependant, pour que le Gouvernement puisse faire face aux dépenses, qu'il soit assuré de la rentrée exacte des contributions, soit en nature, soit en numeraire, soit en Assignats. Il faut que la loi atteigne le cultivateur qui ne paye pas, mais sans oppression et sans secousse.

La contribution est bien plus facile à établir sur les habitans des Villes, parcequ'elle porte sur des taxes de maisons et de rentes, sur des patentes pour l'industrie, sur des droits de timbre, sur les transactions sociales, et en général sur des objets de perception clairs, faciles, et qu'on ne peut pas aussi aisément éluder.

S'il faut au Gouvernement beaucoup de force et d'autorité pour établir solidement la perception, ou la recette des finances, il en faut bien davantage pour former un tableau de dépense fixe et moderée, qui puisse rétablir l'équilibre entièrement rompu.

A cet égard le mal est si grand, que quand même le crédit des Assignats serait relevé, quand même les dettes de la France seraient entièrement payées, sa dépense excessive suffirait seule pour produire en peu de tems la perte de la République. On est effrayé quand on pense que pour pouvoir redresser cette balance, il faut parvenir à ne dépenser en une année que le tiers, ou au plus la moitié de la dépense d'un mois.

La dépense annuelle du Gouvernement Révolutionaire monte à plus de vingt milliards par an, et tous les Gouvernements de l'Europe réunis ne pourraient pas soutenir cette dépense pendant dix ans. A la vérité le discrédit des Assignats produit une hausse fictive, qu'il faut calculer présqu'aux dix neuf vingtièmes de cette somme. Lorsque ce funeste papier se rélévera, ou s'anéantira, lorsque la masse des Assignats sera diminuée, ou lorsqu'ils seront entièrement hors de la circulation; lorsqu'après avoir épuisé encore d'autres ressources frivoles de papier, comme minoratifs de l'inévitable banqueroute, on ne recevra plus dans les échanges que le numeraire; lorsque les dépenses excessives de la guerre, lorsque les folles et criminelles dépenses d'un Gouvernement soupçonneux et tyrannique seront cessées; alors on pourra espérer de réduire la dépense au taux de la récette.

Mais comme tout est immoral dans le tourbillon de cette révolution, comme chacun regarde sa solde comme la moindre partie du gain qu'il se propose, parceque tous desirent que la progression de leur fortune soit aussi rapide que les événements de la révolution, chaque partie de l'Administration est devenue un antre de voleurs. Il faut que le Directoire devienne véritablement l'Hercule Français, pour purger ces cavernes de crimes et de larcins. Il lui faut donc beaucoup de force et de courage, une indépendance absolue et sur tout une grande latitude d'autorité.

Indépendament des déprédations à détruire, il n'eft aucune partie de l'Administration, dans la quelle il n'y ait à faire une Réforme des quatre cinquièmes. J'ai vû le tems où quarante commis faisaient marcher le Ministère de la guerre, il en occupe aujourd'hui dix fois autant.

Plus d'un huitième des habitans de la France est soldé par la Nation, et c'est précisement cette multiplicité de gens salariés, qui en ruinant l'état, empêche le Gouvernement de marcher.

Comme il ne doit plus être question de payer les factions et les crimes, il ne doit plus y avoir de solde que pour l'utilité, d'encouragements que pour l'industrie et les arts, de récompenses que pour la vertu et de secours que pour l'indigence.

Cette guerre sanglante, et trop prolongée, tant extérieure, qu'intérieure, occasionera pour très longtems une double dépense, même après sa terminaison. La République payera longtems deux Armées, l'une active de terre et de mer, réduite à une juste proportion, l'autre passive, des vétérans, des estropiés, des veuves, des orphelins, dont la subsistance est la dette la plus sacrée de la Nation; il faut compter encore sur beaucoup d'autres pensions justes et nécessaires pour d'autres genres de service. La totalité de ces récompenses absorbera indispensablement un sixième des revenus de la République.

Il est tems que l'affreux principe prêché par Cambon et ses pareils, que l'Ingratitude est la vertu des Républiques, fasse place à un principe plus juste et plus noble. Il est tems que la reconnaissance nationale devienne la vertu du Patriotisme et des talents. Le soupçon ne produit que des hypocrites, des délateurs et des factieux. La confiance et la gloire produisent des héros et des bons citoyens. Telles sont les vrayes colonnes qui peuvent seules soutenir le temple de la liberté Républiquaine.

Conclusion.

Tout ce que je viens de dire sur la République française a pour baze l'hypothèse, 1°. de la majorité absolue des suffrages pour l'acceptation de la Constitution de 1795, 2°. de la persévérance des Français à ce régime qui exige de grandes vertus et de grands sacrifices, 3°. de la force et de la volonté du nouveau Gouvernement pour abattre toutes les factions, 4°. de sa sagesse pour procurer promtement la paix générale, 5°. de son habileté pour rétablir les finances, retirer ou réacréditer les Assignats, égaliser la dépense à la recette, raviver l'agriculture, le commerce et l'industrie, et faire de la justice la bâse unique de sa politique extérieure et de sa conduite intérieure.

Si cette hypothèse n'est qu'une chimère, si le bien qu'on espère n'a que de l'apparence et point de réalité; si on continue à tromper le Peuple, à le rendre cruel et séditieux, en le berçant de la chimère d'une démocratie qui ne peut pas avoir plus de durée et plus de solidité, que l'attitude d'un homme qui entreprendrait de marcher toujours la tête en bas et les pieds en l'air; si l'Assemblée des Réprésentants ne se circonscrit pas sévérement dans ses fonctions législatives, si elle entrave la marche du Gouvernement par des factions, des délations et des déclamations vagues, ignorantes et indécentes;

Si le Directoire éxécutif se montre ou factieux, ou faible, ou injuste, ou cruel, ou divisé, ou ignorant; s'il continue la guerre sur des plans téméraires, funeste conséquence d'un système usurpateur insoutenable, s'il ne vient pas à bout d'aprovisioner sur les champ les Armées, de les discipliner, de fortifier, ou ranimer leur confiance, qui semble fort diminuée depuis le mois de septembre; sur tout s'il ne vient pas à bout de remonter le crédit des finances et de les rétablir sur une bâze solide; si la masse énorme des Assignats, après avoir été l'échaffaudage de la République devient son bucher;

Si la Nation n'apperçoit pas la fin des maux qu'elle souffre depuis six ans, dans le nouvel ordre de choses, ou plustôt dans les Agents chargés de réparer les calamités, dont une partie sont leur ouvrage;

Alors on peut trouver encore dans la Constitution de 1795 la propriété de la lance de Telephe, elle seule peut guérir les blessures qu'elle aura faites, et pour éviter la banqueroute, l'anarchie, la guerre civile et le despotisme, il faudra conserver précieusement cette Constitution, dont il n'y aura en ce cas à changer que le titre du Pouvoir Exécutif pour le simplifier, et le réunir sur une seule tête sous quelque dénomination que ce soit. C'est dans l'année 1796 que le sort de la France sera enfin décidé, et que les Français, après une métamorphose de sept ans, redeviendront hommes.

Tableau Historique.

Tant que la Nation Française n'avait pas encore prononcé dans des Assemblées légales sa dernière volonté sur le genre de Constitution qu'elle voudrait se donner, pour terminer sa trop sanglante et trop longue Révolution, non seulement il a été libre à chaque Citoyen d'énoncer son opinion et son vœu en faveur de la Monarchie, ou de la République; mais il était même du devoir de chaque Français de soutenir son avis avec les arguments les plus forts, dûssent ils offenser les partisans de l'avis contraire.

L'intérêt de l'objet sur lequel la Nation avait à prononcer était trop important pour ne pas justifier la chaleur des opinions. Il y eût eû même plus de crime à ménager lâchement l'opinion dominante qu'à irriter ses adversaires par une résistance trop opiniâtre.

www.ingramcontent.com/pod-product-compliance
Lightning Source LLC
Chambersburg PA
CBHW060150100426
42744CB00007B/969